성공은 개인의 능력일까?

Ai-je vraiment du mérite?

© Gallimard Jeunesse, 2022

Korean translation © Book's Hill, 2025

한 입 크기 철학 **11**

성공은 개인의 능력일까?

초판 인쇄 2025년 10월 15일
초판 발행 2025년 10월 20일

지은이 아이다 은디아예
그린이 요헨 게르너
옮긴이 이현
감　수 김석
펴낸이 조승식
펴낸곳 돌배나무
공급처 북스힐
등록 제2019-000003호
주소 01043 서울시 강북구 한천로 153길 17
인스타그램 @bookshill_official
블로그 blog.naver.com/booksgogo
이메일 bookshill@bookshill.co
전화 (02) 994 - 0071

정가 9,000원
ISBN 979-11-90855-48-8

* 잘못된 책은 구입하신 서점에서 바꿔 드립니다.

Ai-je vraiment du mérite ?
Aïda N'Diaye & Jochen Gerner

아이다 은디아예 & 요헨 게르너

성공은 개인의 능력일까?

추천사

철학은 꼬리를 무는 질문으로 삶의 의미를 찾는
여행의 나침반

건국대 철학과 김석

〈한 입 크기 철학〉 시리즈의 새로운 네 권이 우리말로 번역되어 한국 독자들과 만나게 되었다. 네 편의 글은 우리가 살면서 한 번쯤 고민해 봤지만 쉽게 답하기 어려운 딜레마를 다루고 있다. 이는 우리가 일상에서 자주 마주하는 현상이나 문제들, 그리고 논쟁적이면서도 명쾌하게 답하기 어려운 주제에 대한 탐색이 곧 철학의 사명임을 보여 준다.

철학은 지혜를 선사하거나 명쾌한 해답을 제시하는 학문이 아니다. 그래서 철학의 본질은 이론이 아닌 질문 자체이다. 이 시리즈는 일상생활에서 당연하게 받아들이는 문제를 깊이 있게 파고들면서 되돌아보게 한다. 그렇게 다양한 질문을 던지고 성찰하는 과정을 통해, 삶을 맹목적으로 좇기보다는 그 의미를 더 깊이 이해하고 우리를 둘러싼 세계의 복잡성을 깨달을 수 있도록 돕는다. 이론이 아닌 질문 자체가 본질인 철학의 성격을 보여 주며 진정한 '철학하기'의 필요성을 일깨우는 것이다.

한국은 이미 물질적 풍요, 선진화된 사회 인프라, 세계화의 흐름 속에서 새로운 문화와 유행을 선도하는 'K-열풍'을 통해 문화 역량 면에서도 세계적으로 주목받는 국가가 되었다. 하지만 그에 걸맞게 삶의 질이 과거보다 나아졌다고 말하기는 어렵다. 2024년 한 외국인 유튜버가 일부러 한국을 찾아 보도한 바와 같이 한국은 우울과 불안, 자살 등의 문제로 정신적으로 팍팍하고 스트레스가 많은 나라로 인식되고 있다. 실제로 우리 경제 지표는 세계 10위권에 속하지만, 삶의 만족도는 거의 최하위이며 자살률과 사회 갈등 지수도 매우 높은 수준이다.

왜 선진화된 국가로서의 외형적 척도와 삶의 만족도 사이에 이토록 큰 괴리가 생겨나는 것일까? 여러 원인이 있겠지만 그중 하나는 삶의 의미와 목적, 정체성과 욕망, 공동체에 대해 어릴 때부터 질문을 던지며 성장하지 못해 생긴 몸과 마음의 불균형에 있다. 지나치게 물질적 부와 성장을 중시하고, 서열화를 당연시하며 경쟁을 정당화하는 가치관을 주입해 온 획일적인 교육 역시 중요한 원인으로 지적할 수 있다.

이러한 경쟁적 환경 속에서 낙오한 사람들은 스스로를 '루저loser'로 여겨 자존감을 깎아내리고, 상위권에 속한 이들은 뒤처지지 않기 위해 끝없는 경쟁에 스스로를 몰아넣는다. 그리하여 한국 사회는 문자 그대로 '피로 사회'가 되었다. 이탈리아 철학자 프랑코 베라르디는 《죽음의 스펙터클》에서 한국 사회의 특징으로 "끝없는 경쟁, 극단적 개인주의, 일상의 사막화, 생활 리듬의 초가속화"를 꼽은 바 있다.

이제는 경제적으로 어느 정도 여유를 누리는 시점에서 인문학에 대한 관심도 조금씩 늘고 있지만, 여전히 우리 청소년들은 가장 고되고 삭막한 입시 환경 속에서 친구들을 밟고서라도 '좋은 대학의 유망한 학과'에 진학하기 위해 청춘을 바친다. 대학에 들어가면 또 좋은 직장과 사회적 지위를 얻기 위해 스펙을 쌓으며 다시 새로운 경쟁이 펼쳐진다. 이런 환경 속에서 '나는 누구인가'라는 질문을 시작으로 한 자기 성찰과 철학적 탐색은 뒷전으로 밀려나고, 생존 경쟁에 내몰린 청년들은 자신을 고가의 상품처럼 계발하며 소모시키고 있다. 이러한 일상이 '사막화된 삶'이라면 우리는 그속에서 행복과 사랑, 공동체와 같은 삶의 본래 가치를 잃어버린 채 살아가고 있는 셈이다.

〈한 입 크기 철학 시리즈〉는 우리가 한 번쯤 생각하고 토론해 봤을 법한 여러 문제들을 진지하면서도 쉽게 따라갈 수 있게 풀어낸다. 과거 소개된 대표적 질문들로는 '우리 삶의 의미는 무엇인가?', '세계는 어디로 가는가?', '타자와 어떻게 공존할 것인가?', '진짜 나는 누구인가?' 등이 있다. 각각의 책에서는 이처럼 흥미롭고 민감한 문제를 다루며, 철학이 우리의 삶과 직결된 실질적인 질문들을 다루는 학문임을 다시금 일깨워 준다.

번역자인 이현은 건국대학교 철학과에서 필자의 지도 아래 프랑스 현대 사상가 자크 라캉의 《욕망의 윤리》에 대한 석사 논문을 썼으며, 현재 프랑스에서 박사 과정을 밟고 있는 유망한 연구자이다. 이번 번역서는 그의 첫 출간물로, 철학적 내용은 충실하면서도 부담 없이 읽을 수 있는 적절한 분량의 소책자이다.

아무쪼록 코로나 팬데믹 이후 세계정세와 국가 간 경쟁이 더욱 치열해지고 이에 따라 개인들의 삶도 점점 무거워지고 있는 지금, 잠시 철학적 사유에 몰두해 보는 일이 삶을 돌아보고 새롭게 하는 데 큰 도움이 되기를 바란다. 홀로코스트 생존자이자 《죽음의 수용소에서》의 저자 빅터 프랭클 Victor Frankl은 인간의 불행과 정신적 고통은 삶의 의미를 찾지 못하기 때문이라고 보았고, 그 경험을 바탕으로 삶의 목적과 가치를 발견하는 로고테라피 Logotherapy를 창시했다. 이 책이 지친 일상 속 '사막' 같은 현실에 오아시스처럼 다가와 우리를 잠시 쉬게 하고, 삶의 방향을 점검할 수 있게 돕는 나침

반이 되기를 소망한다.

그중에서도 이번 책인 《성공은 개인의 능력일까?》는 능력에 따른 차별은 정당한지를 질문한다.

각자에게 동등한 기회를 보장하고, 노력한 만큼 합당한 보상과 분배를 해주는 것이 가장 공정하지 않을까? 언뜻 그럴싸해 보이는 이러한 상식적인 믿음은 사실 본질적으로 불가능할 뿐 아니라, 구조적으로 발생하는 불평등의 현실을 제대로 인식하지 못하게 만든다. 사람마다 타고난 재능과 신체적·정신적 능력이 다르고 그들이 처한 환경과 물려받은 유산, 그리고 재능을 꽃피울 수 있는 교육적 혜택 역시 제각기 다르기 때문이다.

조선 시대만 해도 사농공상의 엄격한 신분 구별 속에서 직업과 사회적 성공이 제한되어 있었고, 서구 역시 사정은 마찬가지였다. 태생적으로 공정한 기회와 경쟁이란 존재하지 않았다. 그럼에도 불구하고 자본주의 사회는 '자유'와 '평등'이라는 근대적 신념과 함께 성장하면서, 개인의 능력이 발휘된 결과에 따라 대우가 달라진다는 이른바 '평등주의 신화'를 마치 보편적 진리인 양 포장해 왔다.

과연 그럴까? 이 책은 평범해 보이지만 다양한 모순을 내포한 능력주의 사회의 문제를 여러 관점에서 조명한다.

능력에 따라 사회적 지위와 자원 분배가 결정되는 사회는 결국 개인에게 성공과 행복에 대한 무거운 부담을 지우고, 구조적으로 불평등을 낳을 수밖에 없다. 능력주의는 열심히 노력하면 정당한 보상을 받고, 누구나 자기 운명을 개척할 수 있다는 믿음 위에 세워져 있다. 그러나 이 책이 던지는 질문처럼, 노력은 과연 늘 정당한 보상을 받는가? 기회는 정말로 균등한가?

프랑스 사회학자 피에르 부르디외와 장클로드 파세롱의 연구에 따르면, 프랑스 엘리트 교육의 중심인 그랑제콜과 고등학교는 기회의 평등이 실현되는 곳이 아니라 오히려 사회적 불평등이 재생산되는 공간이다. 이미 상류층 아이들은 다양한 자본이 갖추어진 조건에서 시작하기 때문이다. 한국의 현실은 이보다 더하다. 사교육이 훨씬 더 발달해 있고, 학벌과 스펙에 따라 인생이 좌우되는 불평등의 정도가 더욱 심각하다. 부모가 '흙수저'이면 자식이 '금수저'로 삶을 바꾸는 것은 점점 더 어려워지고 있다. 설령 그것이 가능하다고 해도, 어디까지나 극소수에게만 해당되는 이야기다.

이 책은 이러한 질문을 따라가며 능력주의의 모순과 현실적 딜레마, 그리고 공동체적 관점에서의 대안을 고민하게 만든다.

능력의 문제로
움직이는 사회

능력의 문제를 향한 관심은 어제 오늘 생긴 게 아니지만 최근 들어 더욱 커지는 추세다. 그리고 이는 의심할 여지없이 팬데믹의 결과 중 하나이다. 프랑스의 대통령인 에마뉘엘 마크롱Emmanuel Macron이 자신의 연설에서 〈인간과 시민의 권리 선언〉(1789) 제1조를 인용하며 "사회적 차별은 오직 공공의 효용에 근거해야 한다."고 말했음을 기억해야 한다. 이는 우리에게 일어난 일에서 배울 수 있는 중요한 교훈 중 하나이다.

계산원, 청소부, 요양 보호사와 같은 특정한 직업들의 높은 효용성과 그들에 대한 사회적 존중 또는 처우 개선의 부재 사이 괴리에 충격을 받지 않을 수 있을까? 이로부터 일부 사람들의 사회적 지위가 그들의 노력과 개인적인 능력과는 무관한 경우가 많다는 결론을 내리지 않을 수 있을까? 어떻게 우리가 생각하는 사회적 이상향, 사회적 정의의 관점에서 능력이라는 개념 그 자체에 의문을 제기하지 않을 수 있을까? 게다가, 코로나19 이전에도 노란 조끼 시위[1]는 이미

---

[1] 2018년 11월 에마뉘엘 마크롱 프랑스 대통령의 유류세 인상 발표에 반대하면서 시작돼, 점차 반정부 시위로 확산된 시위. 노란 조끼는 운전자가 사고를 대비해 차에 의무적으로 비치하는 형광 노랑 조끼를 집회 참가자들이 입고 나와서 붙은 명칭이다.

우리에게 인구 일부는 자기 노동만으로는 그에 걸맞는 생활 수준이나 사회적 지위에 절대 도달할 수 없다는 사실을 경고했다.

능력과 능력주의에 대한 관심은 최근 몇 년 동안 사회적 계층 이동을 다룬 일화, 에세이, 학술적인 분석 등 다양한 저술의 증가로 이어졌다. 프랑스 사회학자 로즈마리 라그라브Rose-Marie Lagrave는 자신의 자전적 에세이《스스로를 되찾다Se ressaisir》에서 노르망디 시골의 가난한 대가족에서 보낸 어린 시절부터 명문 대학교인 사회과학고등연구원École des hautes études en sciences sociales[2]의 사회과학부 사회학 연구 책임자로 일하기까지, 자신의 사회적 성장 과정을 이야기한다. '모범적'으로 '신분이 상승'한 사람의 여정에 대한 이야기는 다음과 같은 냉혹한 비판으로 마무리된다. "능력을 찬양하는 것은 학교의 사회적 재생산 기능을 감춤으로써 개인에게 불확실한 성공에 대한 부담을 짊어지우는 것이다. 이는 학교를 사회적 불평등을 해소하는 수단으로 부각하고, 그 규칙을 공고히 하기 위해 예외적인 사례들을 끊임없이 강조하

---

[2] 사회과학고등연구원은 1947년에 개교한 프랑스의 고등 교육 기관이며, 줄여서 EHESS라고 부른다. 파리에 위치해 있으며 철학, 역사, 고고학, 인류학, 민족학, 지리학, 사회학, 통계학, 법사회학, 정치학, 인구통계학, 경제학, 언어학, 문학이론과 예술 등(이론과 실천 형식)의 사회과학과 인문학 분야의 연구 교육을 담당한다.

EHESS

는 사람들의 양심의 가책을 덜어 준다. 나는 내 사례로 그들의 양심의 가책을 덜어 주고 싶지 않다."

즉, 자신의 성공과 그에 따른 사회에서의 지위에 걸맞은 자격이 있다고 주장할 수 있는 사람들이 오히려 능력주의에 대한 불신을 분명히 드러내거나 심지어는 노골적으로 거부하는 경우가 생각보다 많다. 반대로 일부 정치인, 지식인 또는 문화적인 엘리트들은 때때로 자신의 능력과 사회적 성공에 대한 스토리텔링을 통해 자신의 이야기를 낭만화하는 경향이 있다. 예를 들어, 2015년 파테^{Pathe}의 회장 제롬 세이두 ^{Jérôme Seydoux}의 손녀인 배우 레아 세이두^{Lea Seydoux}가 거리에서 모든 것을 배웠다고 말한 것처럼 말이다.

그렇다면 우리 사회에서 능력이 그토록 중요한 이유는 무엇일까? 신화이든 현실이든 능력의 문제가 우리의 이상 사회와 사회적 이념에서 중요한 부분을 차지하는 이유는 무엇일까?

능력주의, 유토피아인가?
디스토피아인가?

우리는 능력주의, 즉 특권이 아니라 능력에 의해 구조화된 민주주의와 공화국이라는 사회·정치 시스템을 칭찬하는 데 익숙하며 이런 것들이 이론적으로 더 공정하다고 생각한다. 1958년 사회학자이자 영국 노동당 당원이었던 마이클 영Michael Young의 에세이에서 '능력주의'라는 용어가 처음 등장한 것은 흥미로운데, 저자는 'IQ+노력=능력'이라는 공식에 따라 사회적 지위가 결정되는 사회를 상상했다. 이 소설에서 그는 오만하고 자기만족적인 엘리트에 대한 대중의 반란으로 끝나는 디스토피아를 그리며 지적 우월성 및 학문적 성공, 따라서 '능력'에 의한 지배를 예견했다.

그런데 실제로 능력주의는 진정한 기회의 평등과 사회적 이동성을 제공하지 않는다. 오히려 교육받고 교양 있고 학위를 취득한 엘리트들이 '능력'이라는 이름으로 권력을 독점하고 자신들에게 '정당성'이 있다고 믿기 때문에 불평등을 조직화, 고착화, 정당화하는 시스템이 된다. 마이클 영은 2002년 《가디언》에 실린 편지에서 토니 블레어Tony Blair 영국 총리가 능력주의의 단점이나 남용 가능성을 보지 않고 능력주의를 사회 모델로 언급함으로써 오해를 불러일으키고 있다고 경고했다.

능력을 공화제의 기본 가치로 삼는다는 것은 이와 같은 오해를 불러일으킬 수 있지 않을까? 능력주의가 원래 공화제의 반대 모델이었다면, 왜 우리의 정치 및 사회적 이상에서 능력주의가 그토록 중요해졌을까?

불평등과 정의

그럼에도 불구하고 능력에 따라 사회를 조직하는 것은 한편으로 정당하고, 심지어 필요해 보이기까지 한다. 그리스 철학자 아리스토텔레스Aristoteles는 《니코마코스 윤리학》에서 산술적 평등과 비례적 평등을 근본적으로 구분했는데, 예를 들어 법에서는 정의를 위해 균등한 평등이 필요하지만(투표할 때 한 표=한 표이므로 모든 시민은 절대적으로 평등하다.) 명예와 부의 분배는 후자의 논리를 따른다.

아리스토텔레스는 각자의 '덕(德)'에 따라 분배되는 것을 분배적 정의라고 불렀다. 균등한 평등이 항상 공정한 것은 아니며, 경제 및 사회 영역을 포함한 많은 영역에서 물질적 또는 상징적 재화는 각자의 가치에 맞게 마땅히 분배되어야 한다는 것이다.

정의가 반드시 평등과 동의어는 아니다. 그리고 이것은 능력주의가 제기하는 문제 중 하나이다. 각 사람이 받을 자격이 있는 것을 어떻게 측정할 수 있을까? 그리고 우리가 각자의 '덕'에 따라 부의 분배에서의 불평등을 정당화한다고 하더라도, 여전히 이 불평등을 정량화할 수단을 찾아야만

"

분배에서 정의는
어떤 의미로든 덕(德)에
따라야 한다는 점에
누구나 동의한다.

"

아리스토텔레스
Aristoteles

할 것이다. 사원과 임원 간의 100분의 1에 달하는 임금 차이나 특정 스포츠 선수의 호화로운 보수를 어떻게 정당화할 수 있을까? 마찬가지로 사법 영역에서도 유죄를 저지른 당사자가 마땅히 받아야 할 처벌이나 피해자가 받아야 할 보상을 어떻게 정확히 계산할 수 있을까?

나는 그럴 만한
가치가 있는가?

보다 근본적으로, 우리는 정확히 무엇을 측정하고 있는 걸까? 행동을 판단하는가, 아니면 사람 자체를 판단하는가? 보상을 받을 자격은 우리의 직업이나 우리가 누구인지에 따라 달라질까?

언뜻 보면 우리의 행동과 노력이 보수와 보상을 받을 자격이 있다는 건 분명한 사실 같다. 그러나 우리가 어떤 사람이 '가치가 있다'고 말할 때, 우리는 그 사람의 행동보다 그사람의 특징에 대해 더 많이 말한다. 그리고 종교적 전통, 특히 기독교적 전통에서는 보상을 받을 자격이 있는지 없는지가 실제로 그 사람의 도덕적 인격에 달려 있다. 13세기 철학자이자 신학자인 토마스 아퀴나스Thomas Aquinas는 그 자격이 물질적 재화나 지상의 행동과 관련이 없다면 이는 신이 개인에게 부여하는 은총, 즉 자신의 내재적 가치에 달린 것이지 행동에 달린 것은 아니라고 했다. 그리고 플라톤에게 있어서 정의는 각 사람이 '자신의 본성에 비례하여' 받아야 하는 것이다.

오늘날에도 노동과 노력에 의한 보상을 중요한 덕목으로 여기는 것은 종종 일부 사람들의 '게으름'과 나태함을 비난하는 의미가 있으며, 여기서도 그들의 행위만이 아닌 본성이 평가된다. 마크롱은 한 청년에게 조금만 더 적극적으로 찾으면 일자리를 구할 수 있다고 말했다. 이는 그 청년이 일자리를 찾지 못하는 것이 노력 부족뿐만 아니라, 그들의 성격적인 결함과 도덕적 결함 때문임을 암시했다. 그리고 로레알L'Oréal의 유명한 슬로건인 "나는 소중하니까요"는 이 점을 완벽하게 표현한다. 즉 내가 무엇을 하는 사람인가가 아니라 그저 내가 본래의 자신이라는 사실이 중요하다는 것이다.

우리가 원한다면
할 수 있는가?

프랑스의 전 대통령인 니콜라 사르코지Nicolas Sarkozy의 말처럼 능력에 대한 믿음은 '정말로' 원하는 사람이 성공할 수 있고, '더 많이 벌기 위해 더 많이 노력하면' 성공할 수 있다고 믿는다는 것을 의미한다. 노력, 결단력, 능력은 종종 정치적 발언에서 함께 사용된다. "세상을 움켜쥐고, 자신의 손으로 기회를 잡으며, 모든 가능성을 성취한 베르나르 타피는 스스로 특별한 운명을 개척했습니다." 이는 마크롱이 2021년에 사망한 한 사업가에게 경의를 표하기 위해 사용한 말이다.

〈록키〉에서 〈에린 브로코비치〉를 거쳐 〈카〉, 〈빌리 엘리어트〉까지, 문학이든 영화든 우리의 상상 속 인물은 희생과 고통을 감수하고 불굴의 의지 덕분에 난관을 극복하며 '성공'하기 위해 노력을 아끼지 않는다. 이러한 모든 노력은 개인의 가치, 인내심, 강직함, 타인에 대한 충성심, 원칙과 함께 보상받는다. 예를 들어 스포츠와 댄스에서 이러한 노력들은 '반복된 훈련으로 멍든 몸'이라는 이미지로 표현된다. 또 다른 예로 빅토르 위고 Victor Hugo의 《레 미제라블》에 등장하는 장 발장의 이야기를 들 수 있는데, 장 발장은 그의 도덕적인 정직성과 변함없는 태도로 인해 행복하고 평화로운 결말을 맞이하게 된다.

그리고 음악계, 특히 랩에서는 순전히 의지와 스스로의 힘만으로 무에서 유를 창조하는 개인의 신화가 여전히 지배

적이다. 할리우드 명예의 거리에서 자신의 별을 공개하는 자리에서 스눕 독^{Snoop Dogg}은 자신의 성공에 대해 멘토와 가족과 팬들에게 경의를 표한 뒤 자신의 일과 노력, 인내심, 그리고 겸손하게도 자기 스스로에게 감사를 표했다! 하지만 실제로는 어떨까? 목표를 달성하기 위해 노력하는 것만으로 충분할까?

노력은 항상
보상 받는가?

　　　　　　우리가 능력을 신뢰한다면, 노동을 통해 얻은 부와 사회적 지위는 그 노동을 제공한 사람에게 정당하게 귀속되어야 한다. 1960년대 스타 플레이어였던 월트 체임벌린^{Wilt Chamberlain}이나 근래 마이클 조던^{Michael Jordan}과 같은 농구 선수는 자신의 기술을 개발하고 노력한 결과물로서 재산을 소유할 자격이 있다는 것이 미국 철학자 로버트 노직^{Robert Nozick}의 논리다. 또한 자신의 신체를 자유롭게 처분할 수 있고, 유일한 합법적 소유자가 될 수 있으며, 더 일반적으로 나는 나의 신체가 생산할 수 있는 모든 것의 합법적 소유자가 될 수 있으며, 이는 당연한 권리이다.

마지막으로 노직에 따르면 그들의 수익은 자발적인 교환의 결과이며, 아무도 팬들에게 농구 경기에 참석하고 높은 가격을 지불하도록 강요하지 않았다. 체임벌린이나 조던의 부는 티켓 구매라는 자유로운 재화의 이동을 통해 얻은 수익에 지나지 않는다.

노직에게 있어서 교환을 통한 분배는 상당한 불평등이 초래되더라도 그 무엇보다 사회에서 개인이 자신의 지위를 누릴 자격이 있다는 생각에 기반한다. 체임벌린이나 조던의 재산 중 일부에 세금을 부과하여 빈곤층에게 재분배하는 것은 정당화될 수 없다. 오히려 그들이 정당하게 소유하고 있는 재산을 강탈하는 것과 마찬가지이다.

따라서 능력에 대한 성찰은 필연적으로 사회적 정의, 즉 출생이나 재산에 따른 특권을 폐지하고 모든 사람의 평등한 권리를 기반으로 하는 민주주의 사회에서 부와 지위를 어떻게 적절히 분배할 것인가라는 문제를 제기한다.

사실, 여기서 노직은 또 다른 미국 철학자 존 롤스John Rawls(《정의론》, 1971)를 반박하고 있다. 롤스에 따르면, 성공은 개인의 의지와 직접적으로 관련되지 않는 요소에 의존하고 있고 우리가 할 수 있는 노력에는 더더욱 좌지우지되지 않는 것을 고려할 때 순수한 능력이란 존재하지 않는다.

따라서 성공하려면 먼저 재능, 운동 능력 등과 같은 선천적인 재능이 있어야 하며 이러한 재능은 우리의 의지와 무관하게 타고나는 것이다.

그런데 재능이 타고난 것이라면, 재능을 발전시키기 위한 노력은 의지의 문제가 아닐까? 여기서도 롤스에 따르면 그 노력이 결실을 맺기 위해서는 이를 가능케 하는 특정한 조건, 예를 들어 사회적인 조건을 가지고 있어야 하기 때문에 여전히 능력은 정당화될 수 없다. 결국 이러한 재능을 높이 평가하고 보상하는 사회에서만 우리는 성공에 따른 사회적 인정과 지위를 우리의 노동을 통해 얻을 수 있다. 이 모든 요소들은 우리 자신의 의지나 노력에만 의존하지 않는다. 따라서 그 어떤 요소도 우리가 다른 사람보다 사회적으로 더 성공할 자격이 있다고 정당화할 수 없다.

롤스에 따르면 농구 선수 체임벌린과 조던이 부자가 될 수 있었던 이유는 타고난 운동 능력 때문이기도 하지만, 그 재능을 효과적으로 발휘하고 개발할 수 있는 아마도 장학금과 같은 혜택을 받았을 환경이 있었기 때문이며, 마지막으로 그들의 성공은 그들이 운 좋게도 풍족한 보수를 제공하는 시대에 살았기 때문이다. 즉, 체임벌린과 조던은 그들의 부가 '본래 당연히 받을 만한' 것은 아니기 때문에 재분배를

"

나는 항상
이기는 자에게
공을 돌린다.

"

디디에 데샹
Didier Deschamps

위해 이에 세금을 매기는 것이 정당하다는 것이다.

학업적 성공은
능력의 문제인가?

능력에 대한 믿음은 개인이 자신의 의지와 노력에 따라 성공하기 때문에 자신의 지위를 누릴 자격이 있다고 믿는 것을 의미한다. 사회적, 경제적 성공에 적용된 이 원칙은 교육에도 적용된다.

프랑스가 능력주의 사회라는 통념은 공화주의 교육 시스템이 사회적인 출신과 관계없이 모든 사람이 자신의 노력을 통해 학업적 성공을 이룰 수 있다는 가정에 기초한다. 프랑스 사회학자 애나벨 알루치Annabelle Allouch의 연구에서 알 수 있듯이, 이러한 능력주의와 능력의 이미지에서 그랑제콜 Grandes Écoles[3]은 마치 선택할 수 있을 듯한 위치를 차지한다. 그랑제콜은 공정하고 중립적이라고 여겨지는 특정한 선발

[3] 프랑스 특유의 소수 정예 고등 교육 기관 체계를 말하며, 일반적인 공립 대학교와 구분된다. 프랑스의 대학 입학시험인 바칼로레아에서 상위 4% 이내의 성적을 거둔 학생들 가운데 그랑제콜 입학을 희망하는 학생들은 그랑제콜 준비반Classes Préparatoires aux Grandes Écoles에 진학해 2년 동안 특수 교육을 받고, 이수 후 콩쿠르에 응시하여 각 기관의 입학정원에 따라 성적순으로 선발된다.

방식, 즉 경쟁을 통한 엄격한 기회 평등에 기반하여 모든 사람이 최고의 사회적 지위에 오를 수 있는 가능성을 제공한다고 여겨진다. 하지만 현실은 어떨까?

2021년 1월에 발표된 프랑스 정치연구소의 연구는 사회적 불평등뿐만 아니라 수도권 학생을 선호하는 지리적 요인이나, 특히 공과대에서 남학생이 과잉 대표되는 성별에 따른 불평등이 대학 내에서 여전히 지속되고 있다는 점을 강조했다. 이미 1960~1970년대 《상속자들》과 《재생산》에서 피에르 부르디외Pierre Bourdieu와 장 클로드 파세롱Jean Claude Passeron은 특히 그랑제콜과 학교가 진정한 기회의 평등과는 거리가 먼, 실제로는 사회적 불평등이 재생산되는 장소임을 보여 주려고 했다.

두 사회학자에 따르면, 학교는 주로 학업이 아닌 다른 능력들을 평가한다. 사회는 이미 유치원 시절부터 학급에서 요구하는 것에 부응하여 조용히 하거나 앉아서 집중하는 태도로 잘 길러진 아이들을 원한다. 이때 이러한 명령을 따르는 능력을 주로 전달하는 것이 사회 및 가정 환경이다.

작문이나 발표, 예를 들어 많은 입시에서 응시자들에게 요구되는 면접 등을 통과하는 데 필요한 기술이나 교양 시험을 통과하는 데 필요한 지식도 마찬가지이다. 이러한 기

"

우리는 사회적 고착화와
재생산을 받아들이지 못한다.
이는 자유주의적 이데올로기가
우리 사고방식에 완전히
자리 잡고 있음을 보여 준다.
많이들 성공적인 삶은 사회적
신분 상승으로 정의되는
삶이라고 생각하지만,
성취감을 얻는 다른 방법도
무수히 존재한다.

"

니콜라 마티외
Nicolas Mathieu

술은 누구나 배울 수 있는 것이 아니며, 교실 밖에서 이 분야에 대한 교육과 훈련을 받는 더 부유한 사회 계층의 학생들이 훨씬 더 잘 습득할 수 있다.

성공은 능력이 아닌
상속에 의한 것이다.

부르디외와 파세론에 따르면 사람들이 축적하고 대물림하는 자본은 경제적 자본뿐만 아니라 문화적 · 교육적 · 사회적 자본(인적 네트워크)도 있는데, 이는 상류 사회 계층의 아이들이 물려받으며 아주 어릴 때부터 학교에서 성공하는 데 필요한 기술을 습득하거나 개발할 수 있게 해 준다.

여기서 두 사회학자가 '상징 폭력'이라고 부르는 것은 사회적 재생산 메커니즘을 숨기고 피지배자에게 자신들의 지배를 '자연스러운' 또는 '정상적인' 것으로 받아들이도록 만드는 모든 요인을 말한다. 이러한 방식으로 제도적 담론은 교육적, 사회적 성공이 대물림되는 현실을 웅변력이나 교양 등 사회적으로 전달되는 기술을 재능과 노력에 상응하는 성공으로 평가하는 능력 중심 사회의 환상으로 대체함으로써 현실을 은폐한다.

　이러한 시스템으로 인해 패자는 자신의 탈락을 '부족함'(노력이나 재능이 충분치 않음)의 결과로서, 혹은 경쟁에서 배제됨(그랑제콜은 나를 위한 것이 아니라고 여김)으로써 받아들이게 된다. 실제로는 학교에서의 성공은 스스로의 노력으로 얻어지는 것이 아니라 대물림되는 것이다.

　사회학자 폴 파스콸리^{Paul Pasquali}에 따르면, 취약 계층 학생을 위한 장학금이나 제도를 비롯한 보조금을 받은 학생들은 역설적으로 자격을 얻기 위한 경쟁 속에서 자신이 속임수를 쓰거나 부당한 이득을 취한 것처럼 자신의 능력을 의심하는 경향을 보인다고 한다. 그는 이를 자신의 능력에 대한 느낌을 대신하는 '사기꾼 증후군'이라고 불렀다. 반면 특권층 출신 학생들은 사회적, 가족적 유산의 혜택을 가리는 학교 시스템의 상징 폭

그런데 사회적 재생산에 대한 이 가설을 진지하게 받아들인다면, 우리에게 어떤 자유가 남아 있는가? 개인이 자신의 길을 갈 수 있는 가능성을 부정하는 것은 문제가 되지 않을까?

사회학자 베르나르 라이르Bernard Lahire는 부모, 조부모, 교사, 보모와의 인터뷰를 통해 5세 아이들의 초상을 그린 《계급의 아이들Enfances de classe》에서 어릴 때부터 아이들은 같은 세상에 살지 않으며 진정한 운명을 부여받는다는 결론을 내린다. 예를 들어 우리는 아이들이 사용할 수 있는 어휘의 풍부함이나 부족함을 측정할 수 있으며, 이 영역의 차이가 보육원부터 사회적으로 결정되어 향후 학업적 성공을 결정한다.

그런데 운명에 대해 이야기하는 것은 자신이 통제할 수 없는 힘들의 장난감이었던 주인공의, 처음부터 아무리 노력해도 벗어날 수 없는 운명으로 정해진 그리스 비극을 되풀이하는 것이 아닐까? 그렇다면 우리는 어떻게 운명론에 빠지지 않고 사건들의 흐름 앞에서 무력감에 빠지지 않을 수 있을까? 능력 뒤에 숨어 있는 것은 이 문제의 핵심인 우리의 자유가 아닐까?

계층 이동은 능력이
존재한다는 것을 증명하는가?

하지만 급격한 계층의 상승과 급격한 하락의 예는 많다. 사회적 재생산에서 벗어나는 것이 가능하다는 것, 개인이 자신의 삶을 자유롭게 설계할 수 있다는 것은 성공한 사람이 그 지위를 누릴 자격이 있음을 보여 주는 증거가 아닐까?

철학자 샹탈 자케 Shantal Jaquet(《계급횡단자들 혹은 비-재생산》, 2014)에 따르면 이러한 사회적 전환(개인이 신분 상승을 통해 사회적 계급을 변화시키는 경로)은 한 가지 요인으로 설명할 수 없으며 순수한 의지, 더 강력한 야망 또는 특히 큰 노력만으로는 설명할 수 없다. 오히려 대부분의 경우 이러한 궤적은 상황이나 우연의 결과이다.

예를 들어 스탕달 Stendhal의 《적과 흑》에 등장하는 줄리앙 소렐과 마틸드의 만남처럼 우호적이거나 애정 어린 만남이나, 작가 아니 에르노 Annie Ernaux[4]의 경우 처럼 롤 모델이자 후원자가 될 스승과 넉넉하지 않은 배경에도 그녀를 사립 학교에 등록함으로써 자녀의 교육에 투자하는 부모와의 만남

---

[4] 2022년 노벨 문학상을 수상한 프랑스의 작가이며, 대표작으로 《사건》, 《단순한 열정》, 《한 여자》등이 있다.

이 있다. 심지어는 동성애로 인해 보다 관대한 환경에서 피
난처를 찾게 되는 디디에 에리봉Didier Eribon[5]의 경우도 있다.

위의 사례는 능력의 가능성 자체를 거부한다. 그리고 이
는 피에르 부르디외의 연구를 받아들인 폴 파스콸리가 만든
용어인 '세습주의'의 전형을 보여 준다. 파스콸리는 특히 누
구에게나 열린 것이 아닌 그랑제콜의 입학 정책 때문에 권
력과 지배의 지위가 대대로 대물림되고 있음을 나타내기 위
해 이 용어를 사용했다.

능력주의, 심지어 완전한 능력주의도
과연 공정할 수 있을까?

따라서 우리는 능력주의의 본질
이 사실 환상이 아닌가 하는 의문을 제기할 수 있다. 진정한
기회의 평등은 없으며, 통계적으로 물려받은 사람들이 다른
사람들보다 성공할 확률이 더 높기 때문에 우리는 능력주의
가 실제로 존재하지 않는다는 것을 알고 이를 비판한다.

그러나 이러한 사실 역시 능력주의에 대한 영속적인 믿음

5] 프랑스의 사회학자이자 철학자이며, 성소수자 운동 이론가로서 활동하고 있는 프랑
스 지식인이다.

에 기반한 것인데, 능력주의를 이상적인 사회라고 생각하면
서 이를 유지하기는 현실적으로 힘들다는 사실에 아쉬워하
고 있는 것은 아닐까? 설령 진짜 완전한 능력주의 사회가 있
다고 해도 그 사회는 정말 공정할까? 1958년에 악몽을 꾸면
서 마이클 영은 능력주의에 근본적인 결함이 있음을 제시하
며, 능력주의에 대한 생각을 근본적으로 바꾸지 않았는가?

　이 문제에 답하기 위해 우리는 계층 이동에 성공한 인물
들과 어느 정도 거리를 둘 필요가 있다. 로즈마리 라그라브
에 따르면, 이들은 '정말로 원하는' 사람들에게 성공이 '가능
하다'는 증거를 보여 주지만 이러한 예외는 통계적 진실을

대신할 수 없으며 심지어 진실을 가리는 '장막'으로 작용할 수도 있다. 사회학자 폴 파스콸리도 베르나르 타피^{Bernard Tapie}의 죽음에 대한 대통령의 말을 언급하며, "흔히 말하는 '하면 된다'를 보여 주기 위해 자수성가한 한 남자의 삶을 기념하는 이 스토리텔링은 덜 영광스러운 현실을 은폐하고, 계급적 유산에 눈먼 능력주의 신념에 힘을 실어 준다. 그럼에도 불구하고 재생산은 여전히 규칙으로 남아 있으며, 예외는 더욱 쉽게 받아들여지고 있다."고 말한다.

이러한 사회적 전환에 대한 이야기는 남성과 여성 모두의 경험을 이해하는 데 중요하며, 능력에 대해 이야기하는 것은 삶의 궤적에 관심을 갖는 것이다. 그러나 우리가 '성공한' 사람들의 관점에 온전히 집중한다면 그들이 사회적 지위를 향상하기 위해 노력하고, 일하고, 때로는 고통을 겪었다는 그들의 감각은 그 자체로 그들의 성공이 진정 마땅하다는 생각을 정당화하는 것처럼 보일 수 있다.

다만 여기서 문제는 한 개인의 노력이 얼마나 진실한지가 아니라 각 개인의 노력이 결실을 맺을 수 있는 통계적 확률이다. 비슷한 노력을 기울였음에도 불구하고 같은 결과를 얻지 못한 모든 사람들의 이야기가 그늘에 가려져 있다면, 한 사람의 성공에서 능력의 존재에 대해 어떤 결론을 내릴 수 있을까?

　미국의 정치 철학자 마이클 샌델Michael Sandel(《공정하다
는 착각》, 2020)에 따르면, 능력주의에 대해 생각하려면 관
점을 바꾸어 2017년 마크롱이 '성공한 사람들'과 대비해 표
현한 '아무것도 아닌 사람들'의 궤적을 살펴볼 필요가 있다.
우리가 자격이 있기 때문에 지배적인 위치에 오른다고 가정
한다면, 적어도 암묵적으로 그렇게 하지 않는 것은 하층적
인 지위에 '적합'하기 때문에 '불이익'을 받는 것이라고 생각
되지 않는가?

　하지만 마이클 샌델에 따르면, 우리 모두는 경험을 통해
결과가 항상 노력과 상관관계가 있는 것은 아니라는 것을
알고 있다. 예를 들어 학교에서 평범하거나 실망스러운 결
과를 얻더라도 그것을 위해 많은 노력을 하지 않은 사람이
있을까?

　더 큰 문제는 능력이 불평등을 정당화하는 수단이 된다
는 점이다. 능력주의 사회는 출생이나 돈에 따른 불평등을
능력에 따른 불평등으로 대체한 것일 뿐이기 때문에 근본적
으로 불공정하고 불평등하다. 이에 마이클 샌델은 엘리트들
의 능력에 기반한 불평등, 그리고 무엇보다도 배제된 대중
의 좌절과 분노에 시달리는 사회의 모습을 묘사한다. 배제

된 대중은 학문적 성공으로 구체화된 재능과 노력으로 이 지위를 받을 자격이 있다는 강한 확신으로 지배를 정당화하는 계급의 오만함을 참기 힘들어한다. 샌델이 보기에, 이것이 미국의 도널드 트럼프Donald Trump 당선과 프랑스의 노란 조끼 시위의 가장 큰 이유이다. 열심히 일해도 경제적, 사회적 지위를 향상할 수 없는 계층이 능력주의 담론에 의해 '성공'하는 데 필요한 것이 오직 노력뿐이라는 말을 듣게 되면서 이러한 움직임이 일어나지 않았을까?

이처럼 완벽한 능력주의 사회라고 하더라도 그 사회는 여전히 근본적으로 불평등할 것이며, 롤 모델도 이상도 될 수 없다.

혼자서
성공할 수 있을까?

마지막으로, 능력과 사회 및 공동체라는 개념 사이에는 모순이 있다.

프랑스의 작가 에두아르 루이Édouard Louis는 자신의 책 《체인저: 방법들Changer:méthode》(2021)에서 치아를 교정하고, 다르게 웃는 법을 훈련하고, 고등 사범 학교École normale supérieure에 입학한 후 작가가 되기 위해 끊임없이 노력하는 등 부르주아의 일원이 되기 위한 그의 특별한 결심에 대한 이야기를 들려준다. 결단력과 자기희생을 통해 쌓은 경력의 이보다 더 좋은 예를 찾기 어려울 것이다.

하지만 에두아르 루이는 고등학교 동창인 엘레나부터 철학자 디디에 에리봉, 대학 사서부터 재학 시절 일했던 극장의 관리인까지 자신의 성장을 가능하게 한 만남에 대해서도 이야기한다.

마찬가지로 "혼자서, 그리고 '순전히 자력으로' 성공할 수 있다는 것을 명백하게 부정하는" 로즈마리 라그라브는 자신의 삶의 경로에서 가족, 학교, 복지 국가의 중요성과 자신이 활동했던 페미니스트 서클의 중요성을 강조한다. "나는 자수성가한 여성이 아니다." 따라서 성공은 결코 한 사람의 전유물이 아니다.

더욱 문제가 되는 것은 노력의 결과가 사회적 성공에 결정적이라는 생각이 개인과 개인 간의 경쟁을 일반화하고 악화시키는 경향이 있다는 점이다. 왜냐하면 가장 가치 있는 사람이 되고 가장 많은 보상을 받기 위해 모든 사람들이 노력해야 하기 때문이다. 능력주의는 '패자'들 사이에서 분노와 좌절을 불러일으키며, 동시에 어린 시절부터 과도한 압

"

신분 상승을 위한
엘리베이터는
존재하지 않습니다.
계층 이동을
원하시는 분들은
뒤쪽 계단을
이용하십시오!

"

로즈마리 라그라브
Rose-Marie Lagrave

박에 시달리는 '승자'들도 소외될 수밖에 없다. 그랑제콜의 일부 재학생이나 졸업생이 학업을 중단한 뒤, 더 의미 있고 가치 있는 저임금 직종으로 이직하거나 기술직으로 재교육을 받는 것은 능력주의 담론이 부추기는 사회적 경쟁 게임을 거부하는 신호가 아닐까?

사람들이 노력한 만큼, 그리고 '타고난 재능'에 상응하는 보상을 약속하는 것보다 더 좋은 동기를 부여하는 방법이 있을까? 결국 능력이라는 개념은 보수, 대가, 보상 시스템의 일부이다. 그러나 이것이 과연 개인과 사회를 위한 최선의 방법일까?

우리 시대는 심각한 위기에 처해 있으며 아마도 앞으로도 오랫동안 그럴 것이다. 경쟁보다는 협력을, 서열보다는 나눔을 장려하여 사회적 유대감을 형성하는 사회. 한마디로 아리스토텔레스가 말한 '함께 잘 사는 삶'을 개인의 능력보다 더 중요하게 여기는 사회를 꿈꿔 본다면 어떨까?

지은이 **아이다 은디아예** Aïda N'Diaye

프랑스 고등사범학교를 졸업한 철학 교수이자 라디오 방송국 프랑스
퀼튀르의 책임 프로듀서이다. 2008년부터 《필로소피 매거진》에 정기
적으로 기고하고 있으며, 이 책과 같은 〈한 입 크기 철학 시리즈〉에서
《무엇이 나의 젠더 정체성을 결정할까?》의 저자로 참여했다.

그린이 **요헨 게르너** Jochen Gerner

작가이자 삽화가이며, 언론과 출판 분야에서 활동하고 있다. 실험적
만화 예술 그룹인 OuBaPo의 회원으로, 2019년에는 예술서 부문에서
《스톡홀름》으로 그랑 에스트(Grand Est) 도서상을 수상했다.

옮긴이 **이현**

건국대학교에서 철학을 전공하고 동 대학원에서 철학 석사 학위를 받
았으며, 현재 프랑스 서부 카톨릭대학교(Universite catholique de
l'ouest) 정신 분석 박사 과정을 수료 중이다.

감수 **김석**

프랑스 스트라스부르대학을 거쳐 파리8대학 철학과에서 '라캉의 욕망
하는 주체'를 주제로 철학 박사 학위를 받았다. 귀국 후 철학아카데
미, 고려대학교, 서울시립대학교 등에서 강의하다 2009년~2017년 건
국대학교 자율 전공학부 교수를 맡았다. 2018년부터는 건국대학교 철
학과 교수로 재직 중이다. 정신 분석 개념과 무의식 이론을 적용해 한
국 사회의 여러 현상을 심층적으로 분석하면서 욕망의 윤리와 공동체
모델을 철학적으로 제시하는 연구에 집중하고 있다.